DE LA

DÉFENSE DE PARIS

Assurer la défense de Paris, en conservant
un grand rôle à nos armées.

PAR

Le lieutenant-général baron THIÉBAULT

Paris, 15 mars 1841

CHEZ LEDOYEN, LIBRAIRE, PALAIS-ROYAL,

GALERIE D'ORLÉANS.

DE LA

DÉFENSE DE PARIS

Jamais question plus spéciale, de plus haute portée, et plus grave dans ses conséquences, que celle des fortifications de Paris, n'aura été livrée à une plus vaste investigation; jamais question n'aura excité plus d'émoi, n'aura fait entrer en lice plus d'athlètes, n'aura eu pour juges des hommes à la majorité desquels elle semblait plus étrangère.

Et cependant MM. les députés des départements sont sortis avec honneur de cette grande et mémorable épreuve! Le patriotisme est devenu un flambeau pour la majorité d'entre eux! Le sentiment d'un si grand intérêt leur a tenu lieu de spécialité! Ils se sont montrés dignes de leur mandat et de leurs mandataires! Ils ont accompli le plus sacré des devoirs qui pût leur être imposé! Grâce leur en soit rendue, honneur leur en restera.

Soumise aujourd'hui à la chambre des pairs qui réunit dans son sein tant d'illustrations militaires et de hautes capacités, on croyait cette question à l'abri de toute controverse menaçante; quelques personnes néanmoins paraissent douter d'une majorité faite pour rassurer l'opinion; et c'est à cette considération que je cède, en cherchant quelques nouveaux appuis au projet de loi dans la solution des questions suivantes :

I. — La guerre est-elle possible?

II. — Dans le doute, faut-il se préparer à la soutenir?

III. — Si elle a lieu, est-il présumable que l'ennemi débute par des succès?

IV. — Si nos premiers efforts étaient malheureux, serait-il à croire que l'ennemi profite de la victoire pour marcher sur Paris?

V. — Dans l'affirmative, qu'adviendrait-il, Paris n'étant pas fortifié?

VI. — Dans la même hypothèse, qu'adviendrait-il, Paris étant bien fortifié?

VII. — Que faut-il pour fortifier Paris de manière à sauver la France?

I et II. — *La guerre est-elle possible? Dans le doute, faut-il se préparer à la soutenir?*

L'exaspération produite en Europe par notre révolution de 1789 fit faire le traité de Pilnitz.

Ce traité eut pour but ce qu'on appelait le châtiment, c'est-à-dire la destruction de Paris, et le partage de la France.

Trop d'intérêts ont continué à le justifier aux yeux de ses signataires, pour que ce projet, tant de fois déjoué, puisse être considéré comme abandonné.

Il fut la raison des premières coalitions.

Il fut en partie exécuté en 1814; et, sans l'empereur Alexandre, on peut croire qu'il l'eût été en 1815.

Il sera repris dès qu'il pourra l'être : notre révolution, dite de 1830, peut servir de prétexte à cet égard !

Et, en effet, qu'est-ce qui pourrait nier qu'un espoir plus ou moins fondé ne fît de nouveau soumettre ce projet au sort des armes?... Serait-ce *l'opposition des peuples?*... On les exaspère de plus en plus contre nous, par l'exagération des inconvénients de notre système, par ce qu'ont d'atroce et de révoltant les attentats dont le souvenir entachera notre histoire, par tout ce qui peut irriter l'orgueil des peuples jaloux de notre prééminence. Serait-ce *l'accord entre les souverains?*... Dix combinaisons peuvent le rendre possible... Serait-ce *nos forces?*... Nous avons trois partis politiques.

Il ne peut donc exister aucun doute sur la nécessité de se mettre en mesure de soutenir la guerre.

III. — *Si la guerre avait lieu, est-il à croire que nous débutions par des succès?*

Si la guerre avait lieu, nous aurions sur le front seul de l'est 150 lieues de frontières à défendre, et, pour rompre cette ligne, l'ennemi n'aurait

qu'un point à forcer. Agissant sur ce front avec 500,000 hommes, il se porterait avec 300,000 dans la direction qu'il aurait choisie pour ses principales
opérations; et, comme il nous occuperait par le surplus de ses troupes sur
notre droite et sur notre gauche, il couperait notre ligne. Tel est au reste
l'avantage de l'offensive, qui presque toujours commence par des succès,
et cet avantage serait d'autant moins douteux, que nous n'aurions guère à
opposer à cette partie de ses masses que 300,000 hommes de troupes de ligne, non compris les garnisons en partie composées des troupes les plus
nouvellement levées, et les armées ou corps d'armée que nous aurions sur
d'autres points, c'est-à-dire le restant de nos 5 ou 600,000 hommes; enfin,
et sans compter les gardes nationales, qui, à l'exception de celles qui de
suite renforceraient nos garnisons, seraient destinées à n'entrer en scène
que plus tard.

IV. — *Notre ligne forcée, est-il présumable que l'ennemi profite de la victoire pour marcher sur Paris ?*

Ce fait ne peut être douteux, quoique, avant d'exécuter son mouvement
sur cette capitale, il puisse vouloir plus d'un succès, et des succès plus dé-
cisifs; mais, comme il comprendra que hors de Paris il ne peut trouver
que la guerre, et que dans Paris il conquerra la paix; que hors de Paris il ne
sera jamais maître que des points qu'il occupera, alors que dans Paris il sera
maître de tout; que plus il nous laissera de temps, plus sa route sera héris-
sée d'obstacles et la réussite douteuse, il hâtera sa marche sur Paris autant
que cela sera en son pouvoir.

V. — *Qu'adviendrait-il dans cette hypothèse, Paris n'étant pas fortifié ?*

Deux suppositions deviennent indispensables.

Et, en effet, ou bien la majeure partie de nos armées battues se reploie-
rait sur Paris, ou bien une faible partie d'entre elles s'y porterait volontai-
rement ou forcément.

Dans le premier cas, et pendant que 100 à 150,000 hommes des armées
ennemies échelonneraient leur principal corps (évalué de 350 à 400,000
hommes), et cela pour couvrir ses derrières, pour tâcher de garder ses com-
munications et d'assurer la marche de ses convois, ce corps principal, talon-
nant nos dernières troupes, trouverait la totalité de celles qui se seraient
reployées sur Paris fort ébranlées, ses habitants consternés, et *dix conspira-*

tions flagrantes ; situation dans laquelle Paris ne résisterait pas plus sur la rive droite de la Seine que sur sa rive gauche, et, ainsi que la France, serait à discrétion.

Dans la seconde de nos prévisions, 250,000 hommes des troupes de la coalition manœuvreraient de manière à chercher à empêcher les corps d'armée ou les armées avec lesquels nous tiendrions la campagne de se porter sur Paris, ou même de communiquer avec lui ; et 250,000, poursuivant les débris d'une partie de nos corps, suffiraient pour mettre Paris dans la consternation et l'épouvante, et pour en avoir aussi bon marché qu'en 1814 et en 1815, où il ne fallut que des têtes de colonnes pour s'en rendre maître.

Enfin, et dans les deux hypothèses, la France, certaine que rien ne peut sauver Paris, n'opposerait de véritable résistance nulle part, et se regarderait d'avance comme vaincue, fût-elle persuadée d'être morcelée.

VI. — *Qu'adviendrait-il dans la même hypothèse, Paris étant bien fortifié ?*

Notre ligne forcée, mais *sans une résistance qui nous ferait courir la chance d'une défaite* (ce qui dans notre première supposition serait nécessaire), nos corps se reploieraient devant l'ennemi, et, lui s'avançant sur Paris, après avoir passé entre nos villes de guerre, on doit supposer que nous exécuterions les dispositions suivantes, dispositions pour lesquelles tout aurait été prévu et préparé.

1° Sans parler de la Belgique, que son armée défendrait en couvrant les deux Flandres, nous porterions sur la droite de l'armée qui marcherait sur Paris 50,000 hommes de troupes de ligne, que renforceraient 40,000 gardes nationaux mobilisés. Or, cette armée ayant des appuis assurés sous le canon de nos places fortes, et ne pouvant manquer de connaître par les habitants tous les mouvements de l'ennemi, le forcerait à détacher, pour l'observer, la contenir, la combattre, des forces égales aux siennes, cause d'un inévitable et grave morcellement.

2° Nous réunirions sur sa gauche 200,000 hommes de troupes de ligne et 80,000 gardes nationaux mobilisés, armée qui serait chargée de couvrir le centre de la France, et d'agir contre les troupes que l'ennemi laisserait sur sa ligne d'opération, de la couper, de s'emparer de ses convois ou de les détruire, d'enlever ses détachements, de le harceler sur ses flancs, ce qui forcerait l'ennemi à opposer à de telles forces plus de 200,000 hommes, et amoindrirait encore notablement l'armée destinée au siège de Paris.

3° 50,000 hommes *de troupes de choix*, se retirant en bon ordre, et sans rien compromettre, ralentissant la marche de l'ennemi, se reploieraient sur Paris, où 50,000 hommes de la garde nationale de cette ville se réuniraient à eux, et où 120,000 gardes nationaux mobilisés (1) *seraient en mesure de se porter à temps;* ce qui serait plus que suffisant non seulement pour garnir les ouvrages, mais pour former des réserves, auxquelles *les 50,000 hommes de la ligne seraient spécialement employés,* jusqu'au moment où, l'ennemi en retraite, ils formeraient le noyau d'une nouvelle armée chargée de se précipiter à sa suite!

Maintenant, et dans cette situation, l'ennemi renoncerait-il à attaquer Paris ou bien ajournerait-il cette attaque? Mais dès lors il nous donnerait un temps qui lui laisserait d'autant moins de chances, que les gardes nationaux s'aguerriraient chaque jour davantage, et qu'une foule de corps francs se lèveraient infailliblement pour le combattre! Voudrait-il l'attaquer malgré cela? Mais alors de quoi Paris pourrait-il être menacé?

Serait-ce d'une attaque de vive force? Mais, contre les 220,000 hommes qui s'y trouveraient et les ouvrages qui le couvriraient, 400,000 hommes suffiraient à peine; et d'ailleurs, ces 400,000 hommes ne laisseraient plus de forces suffisantes contre la totalité de celles de nos armées qui tiendraient la campagne, et qui, après avoir battu quelques uns des corps de l'ennemi, agiraient comme armée de secours, et le mettraient entre deux feux.

Serait-ce d'une attaque régulière? Mais elle nécessiterait douze à quinze jours de travaux et de feux contre une ligne double, et que l'on pourrait tripler au moyen de redoutes, d'un réseau de tourelles à obusiers tournants, suivant le système de M. le chef d'escadron d'artillerie Vallier (2), ou bien de coupures; mais, ce qui est plus fort que tout cela, c'est que pendant douze jours seulement, 400,000 hommes de troupes, tenant la campagne, ne peuvent vivre sur aucun point.

L'ennemi préparerait-il son attaque définitive avant la réunion de la majeure partie de ses troupes? Mais alors, nos armées actives multiplieraient les attaques, et des sorties ou autres opérations de guerre exé-

---

(1) Les 120,000 gardes nationaux mobilisés, et destinés à la défense de Paris, seraient composés de 12 à 1,600 hommes fournis par chacun des départements de la France.

Les 180,000 gardes nationaux restant des 300,000 à mobiliser, Paris non compris, seraient pris, autant que cela serait possible, dans les départements les plus à portée du théâtre où ils devraient agir.

(2) Objet digne d'une sérieuse attention !... Voir à ce sujet la brochure qu'il publia en 1834, et qui fut imprimée chez M. Guiraudet, rue Saint-Honoré, n. 315.

cutées par les forces considérables qui se trouveraient dans Paris ne pourraient manquer de retarder ses travaux !

Retrancherait-il ses troupes? Mais, comme il ne pourrait le faire que hors de la portée de nos batteries, elles seraient hors de la portée des siennes, et il faudrait qu'il ouvrît la tranchée. Ensuite, pour s'enfermer dans des camps, il faut pouvoir y vivre. Enfin, quand on ne parlerait que des munitions, comment l'ennemi en recevrait-il qui pussent être en rapport avec ses besoins, lorsque sur toute la ligne d'opération on s'efforcerait sans cesse à rendre impossible l'arrivage de ses convois.

Passerait-il la Seine pour envelopper Paris et multiplier ses points d'attaque? Mais se mettre dans la nécessité d'être en mesure sur une aussi grande circonférence, avec des troupes séparées par une rivière non guéable, et n'ayant de communication que par des ponts qu'on a toujours le moyen de rompre, doublerait l'action des forces qui défendraient Paris.

Et d'ailleurs, combien l'effet moral résultant de ce fait, que Paris serait bien fortifié, n'aurait-il pas d'influence sur l'ennemi comme sur nous !

Paris ouvert, les troupes de la coalition y marcheraient comme à une proie asssurée; couvert, elles y arriveraient ébranlées.

Paris ouvert, les gardes nationaux mobilisés n'y vaudraient pas mieux qu'en rase campagne, où d'abord ils n'auraient pas grande consistance; bien couverts, chacun d'eux y vaudrait un soldat.

Paris ouvert, aucun de ces gardes nationaux ne voudrait s'y rendre; couvert, tous y courraient.

Mais, de plus, et quant à la sûreté intérieure elle-même, Paris ouvert serait, comme en 1814 et 1815, livré à toutes les tentatives insurrectionnelles; Paris couvert et fermé, la police s'y ferait comme dans une place de guerre, et les émeutiers y seraient également contenus ou châtiés.

Enfin, Paris ouvert, il serait généralement et de suite considéré comme pris, et, la résistance paraissant inutile, personne ne songerait à résister; alors que, Paris fortifié et réputé pouvoir annuler les efforts de l'ennemi, c'est-à-dire ne devoir être pris ni par une attaque de vive force, ni, faute de temps, par une attaque régulière, la France entière combattrait, et combattrait à outrance. Or, une telle lutte ne se soutient pas plus qu'elle ne s'engage.

VII. — *Que faut-il pour que Paris soit bien défendu ?*

Si les forts détachés étaient à distance de bastions ; si, de cette sorte, ils pouvaient croiser leurs feux ; si, toujours et à temps, ils pouvaient être liés par des courtines défendables, ce système pourrait être soutenu avec quelque avantage ; mais, vu les espaces qui les séparent, cela me paraît impossible ! Et d'ailleurs comment méconnaître la supériorité du double système et des forts détachés, et des lignes continues, système que j'adopterais avec d'autant plus de motifs, qu'au besoin, on pourrait lui devoir plus de vingt jours de résistance?

En effet, l'ennemi ayant enlevé un ou deux des forts, on aurait le temps d'élever, en arrière de la portion de la ligne continue que les forts pris découvriraient, des redoutes, etc., qui formeraient une troisième ligne d'ouvrages ; ce qui, sans parler de la ressource des barricades, qui feraient entrer en scène une foule de volontaires, et des bâtiments ou édifices changés en réduits, ou seulement garnis de troupes, replacerait l'ennemi dans la position où il était en commençant ses attaques.

120,000 hommes de garde nationale mobilisée, joints à 50,000 hommes de celle de Paris, et ayant, comme réserve, 50,000 hommes de troupes de ligne, suffiraient pour la défense et des lignes et des forts.

Ainsi que je le répète, le surplus de nos armées resterait disponible pour agir sur les flancs et les derrières de l'ennemi.

Enfin, le rôle que conserveraient nos armées actives les mettrait même en mesure d'attaquer l'armée assiégeante au moment où elle entreprendrait ses opérations décisives, et ne lui laisserait pas la possibilité de se diviser pour attaquer Paris, à la fois, sur les deux rives de la Seine.

Néanmoins, ce projet a donné lieu à six objections ou modifications :

La première est la proposition de substituer un camp retranché à une enceinte continue;

La seconde résulte de l'énormité des dépenses, y compris la construction des casernes ;

La troisième, du temps nécessaire pour achever ces ouvrages, tous destinés à être revêtus ;

La quatrième, de la difficulté de suffire à l'armement des deux enceintes, à l'approvisionnement de tant de pièces d'artillerie et à leur service;

La cinquième, de la difficulté de réunir dans Paris les vivres nécessaires ;

La sixième, de ce fait, que cette ligne et ces forts seraient menaçants pour les libertés publiques.

Je reprends chacune d'elles.

1º Substitituer un camp retranché, et placé entre Charenton et Saint-Denis, par exemple, aux lignes continues et peut-être aux forts, ne me semble pas atteindre le but.

Et en effet, ce camp ne couvrirait qu'un front ; et, par quelques forces qu'on le fasse occuper, l'ennemi ne pouvant manquer de nous être supérieur en troupes de ligne, il ferait observer ce camp par un nombre de troupes équivalant à celui qu'il renfermerait, il passerait la Seine avec le surplus de ses forces, et ferait attaquer ce camp à fond pendant qu'il attaquerait Paris à revers, ce qui ne laisserait plus de chance de salut.

Mais encore, par qui ferait-on défendre ce camp?

Serait-ce par des gardes nationales seules? Elles en seraient incapables.

Serait-ce moitié par des gardes nationales, moitié par des troupes de ligne? Le succès serait encore trop douteux.

Serait-ce enfin et uniquement par des troupes de ligne? Mais ce serait affaiblir nos armées mobiles, de manière à les mettre hors d'état de jouer le rôle décisif que je leur ai assigné, c'est-à-dire de couper la ligne d'opération de l'ennemi, de lui enlever ses convois, dont la perte le mettrait à discrétion, de servir de ralliment aux troupes nouvelles et anciennes arrivant des deux tiers de la France, d'offrir un appui respectable à des gardes nationales mobilisées, voir même à des levées en masse.

Enfin, l'idée de faire dépendre le sort de Paris du sort d'un camp retranché ferait craindre pour Paris deux résultats, celui de rendre sa prise inévitable, et celui de le faire prendre comme d'assaut.

2º Les dépenses seraient énormes, et 3º on ne pourrait compter sur le temps nécessaire pour l'accomplissement des travaux projetés.

Quant aux dépenses, qu'on se rappelle ce qu'a coûté à la France en *dévastations, consommations et subsides*, chacune des deux invasions qu'elle a subies ; mais, bien plus, que l'on songe, indépendamment d'une honte dont la France ne se relèverait pas, à ce qui pourrait résulter d'une troisième invasion !

Quant au temps, il faut le dire, il est douteux qu'on nous laisse les quatre années indispensables à l'entier achèvement des travaux proposés. Mais une modification me paraît tout concilier ; et elle consisterait à commencer par exécuter en terre seulement toute la ligne continue, qui doit être revêtue en pierres meulières ; ce qui diminuerait les dépenses des deux tiers au moins, et la durée des travaux des trois quarts, ce qui suffirait à toutes les nécessités.

Et d'ailleurs, des forts détachés, mais plus rapprochés, ne pourraient-ils pas, provisoirement du moins, suffire sur la rive gauche, où il faut à l'ennemi quatre jours de plus pour se porter que pour arriver devant notre ligne nord-est, et où il aura toujours tant de peine à s'approvisionner, tant de risques à courir ? Dans la négative, des redoutes élevées entre les forts, à double distance de bastions l'une de l'autre, et destinées à être liées plus tard par des courtines, ne pourraient-elles pas être considérées comme complétant le système de défense ? Enfin, si des lignes continues devaient définitivement et de suite achever d'entourer Paris et former en arrière des forts un second obstacle, ne pourrait-on pas, momentanément, donner à celles de la rive gauche de moins fortes proportions qu'à celles de la rive droite ? modifications dont il serait facile d'augmenter l'indication, mais auxquelles je me borne, parce que je n'ai pour but que de faire sentir qu'il faut laisser au gouvernement la latitude nécessaire pour enlever, et cela à la porte de Paris, le moins de terrain possible à la culture, pour froisser moins d'intérêts, pour diminuer la durée des travaux et les dépenses autant qu'il jugera que cela est compatible avec la défense qu'il s'agit d'assurer.

Et de fait, de quoi s'agit-il ? De douze ou quinze jours de résistance. C'est à bien moins que cela qu'à tenu le salut de Paris, c'est-à-dire de la France, en 1814 surtout ; c'est de cela qu'il dépendra toujours ; c'est tout ce à quoi l'on peut suffire, en fait de moyens de subsistances, etc. Et si la durée de cette résistance ne suffisait pas, il est trop évident que tout serait perdu.

Comme économie, je proposerais même encore de diminuer de beaucoup le nombre des casernes projetées, et cela parce qu'on n'attaquera Paris que dans la belle saison, et qu'alors il n'est personne qui ne puisse bivouaquer pendant dix à douze jours; mais encore n'aurait-on pas toujours la ressource des tentes, des barraques et des maisons les plus voisines des ouvrages, ressource que l'ennemi n'aurait pas?

On pourrait donc débuter par la construction des casernes les plus indispensables, et, pour en revenir aux revêtements des ouvrages, on ne les commencerait, s'ils étaient jugés indispensables, que lorsque leur totalité (les forts exceptés) aurait été exécutée en terre, et on les ferait au fur et mesure que l'on en aurait les moyens et le temps.

Et tel est ce qui, sous ces deux rapports si importants, me semble conciliable avec le temps et les ressources.

4° La difficulté de suffire à l'armement, à l'approvisionnement et au service des batteries, me paraît imaginaire; et comment ne pas reconnaître qu'il ne faut pour cela, et indépendamment de toute autre ressource, que l'armement, l'approvisionnement et les canonniers de huit de nos vaisseaux de haut-bord? Encore que les arsenaux et le personnel de la marine puissent faire face à de tels besoins sans désarmer aucun de nos vaisseaux, on n'en viendrait, même partiellement ou momentanément, à cette ressource, qu'à défaut d'autre. Mais, Paris menacé, il ne pourrait être question que de lui, et il ne serait rien qui ne dût être employé ou même sacrifié à sa conservation comme centre d'incalculables richesses, comme centre de pouvoir et d'action.

5° Sous le rapport des vivres, on en réunirait sans doute à Paris le plus possible; mais, au moyen des lignes continues, on serait en mesure d'interdire l'entrée de cette ville à tout ce qui n'y aurait pas domicile; on forcerait chaque habitant réputé aisé à s'approvisionner pour quinze jours, ou à le quitter, et on ferait arriver, et toujours le plus tard possible (1), chaque soldat, chaque garde national mobilisé, avec quatre jours de pain et six de biscuit.

(1) Les 120,000 gardes nationaux mobilisés devant concourir à la défense de Paris se réuniraient d'abord dans les chefs-lieux de leurs départements pour s'y organiser. De là ils se porteraient à Orléans, Gien, Sens, Troyes, Reims, Laon, Amiens, Rouen et le Mans; ils y seraient exercés, et y resteraient autant qu'ils le pourraient! L'ennemi s'approchant de Paris, ils seraient établis à Etampes, Fontainebleau, Provins, Château-Thierry, Compiègne, Beauvais, Gisors et Chartres, d'où, suivant le besoin ou les circonstances, on les rapprocherait encore ou on les ferait entrer dans Paris, observant de les établir de suite sur les points qu'ils devraient défendre, et de les y faire arriver par les nouveaux boulevarts, afin d'éviter tout encombrement dans la ville.

Quant aux 50,000 hommes de la garde nationale mobilisée de Paris, ils formeraient douze légions; et chacune de ces légions, soit comme troupes en ligne, soit comme réserves, serait affectée à la défense d'un douzième de la ligne continue et des forts. Ainsi, Paris et la France joueraient un rôle semblable dans cette défense, qui, en effet, serait celle de la France entière!

6° Cette assertion que les forts pourraient menacer les libertés publiques m'a toujours fait pitié comme opinion, révolté comme comédie!..... C'est un rôle qu'ont pris à l'envi les amis de la contre-révolution, et les ennemis de notre ordre de choses; mais ce rôle nécessite un masque qui ne joindra jamais!... Si Charles **X** avec une armée fidèle, une garde royale dévouée, des fonctionnaires non moins zélés qu'habiles, des ministres exaltés pour sa cause, le succès de l'expédition d'Alger (trophée de la restauration), et cette impulsion qui résulte du mouvement imprimé à une machine aussi colossale que le gouvernement d'un grand état; si, dis-je, malgré cette double force d'action et de puissance, ses ordonnances de 1830 n'ont eu d'autre résultat que de lui faire perdre une couronne que personne ne songeait à lui ôter, ne serait-il pas trop absurde de penser et n'y aurait-il pas par trop de mauvaise foi à dire qu'aujourd'hui que les institutions libérales dominent tout, et déjà de trop haut peut-être; que les troupes de la ligne ne sont plus que les auxiliaires des gardes nationales, il puisse se faire une révolution par d'autres que par ces dernières, qui, Dieu merci, et dans leur intérêt, qui est l'intérêt général, continueront à rendre de nouveaux bouleversements impossibles !

Tels sont les motifs, les raisons, qui m'ont convaincu que Paris devait être couvert par des ouvrages respectables ; que, sur le front nord-est surtout, des lignes continues, précédées par des forts, devaient être préférées à une seule ligne de forts détachés, et surtout à un camp retranché ; et cela afin de pouvoir opposer à l'ennemi trois lignes d'obstacles défendues par 220,000 hommes, et d'avoir sur les derrières de l'armée de siége et sur ses flancs des armées bien plus nombreuses encore; que, quand il serait possible que la question d'achever les ouvrages commencés fût pour quelques personnes susceptible d'une controverse de bonne foi, ce fait seul qu'ils ont été entrepris devrait les faire continuer, le contraire ne pouvant manquer de prouver une versatilité qui nous déconsidérerait encore, ou bien le pouvoir d'une opposition capable de tout paralyser, ce qui nous montrerait dans le servage de chefs de partis, *qu'à bon droit nos ennemis compteraient au nombre de leurs plus obstinés et de leurs plus puissants auxiliaires ;* que, si le ministère du 1ᵉʳ mars avait proposé de mettre le sort de Paris, de la France, à la merci d'un camp retranché, il eût été accablé; que les ouvrages commencés ne menaceront que ce qu'ils doivent menacer; que les vivres indispensables pourront être réunis; que l'on pourra pourvoir à l'armement, à l'approvisionnement et au service des batteries ; qu'en débutant par faire les ouvrages en terre, en ajournant les lignes continues sur la rive gauche de la Seine, ou en les remplaçant par des redoutes qu'on lierait au besoin par des courtines, en ne casematant pas les forts, ce qui me semble inutile, mais en laissant le gouvernement l'arbitre de ces modifications, on aura, en ressource et en temps, tout ce qui sera nécessaire pour mettre Paris dans un état de défense respectable; que, de plus, et quant à cette défense proprement dite, on aura, par l'enceinte, exécutée même en terre, douze à quinze jours de résistance à opposer, ce temps devant suffire pour faire assaillir l'ennemi par tout ce que la France pourra mettre aux prises avec lui, et pour résoudre ce problème...... *suffire à la défense de Paris avec le moins de troupes de ligne possible;* que dans cette défense se trouve d'ailleurs la garantie de la conservation d'un gouvernement qui concilie et peut seul concilier tout ce qui peut l'être pour la sûreté, l'honneur et la prospérité de la France; que, Paris sans moyens de résistance, la France restera sans alliés, alors que, Paris couvert par des ouvrages formidables, elle aura les alliances qu'elle désirera, parce qu'en politique on ne se rallie qu'à ce qui est fort, on ne prise que ce qui peut résister, on ne se rattache qu'à ce que l'on peut craindre; que le projet de loi dont il s'agit, rejeté ou amendé (ce qui remettrait tout en question), serait un juste sujet de réjouissance et de moqueries pour nos ennemis, et un sujet de trop juste douleur et de confusion pour les hommes véritablement dévoués au salut de la patrie et à l'honneur de la France; enfin, que j'ai la conviction profonde que, Paris fortifié ainsi qu'il doit l'être, nous n'aurons pas la guerre, tandis que, dans le cas contraire, elle restera imminente.

Des considérations de cette puissance ne se méconnaissent pas plus qu'elles ne se bravent. La chambre des pairs en sera frappée ainsi qu'elle doit l'être. Plus l'opposition à cette loi se montrerait véhémente, plus une majorité imposante en ferait justice. Si même quelques uns de MM. les pairs éprouvaient quelque incertitude d'opinion ou quelque velléité de dissidence, ils s'élèveraient au dessus d'elles, comme au dessus des dangereuses séductions de l'éloquence. Ils considéreraient, de plus, que tout ce que la France a d'ennemis acharnés *au dedans et au dehors, dans les salons comme dans les bureaux de rédaction des journaux les plus hostiles,* rivalise de rage contre le projet de fortifications proposé, et que, pour tout Français, cette considération doit dominer jusqu'à la croyance individuelle..... Je demeure donc dans la conviction entière que la chambre des pairs ne voudra pas, contradictoirement au vote de la chambre des députés, priver la France des résultats conservateurs que l'adoption de la loi lui assurera, et ne les remplacera pas par les chances des plus irréparables désastres!...

Quant à moi, qui n'ai eu d'obligations qu'à des hommes qui n'existent plus; qui n'ai d'engagement contracté avec personne; qui, libre dans mes opinions, le suis dans mon langage, et qui jamais n'ai écrit ou agi que sous la dictée de ma conviction, si dans cette circonstance j'élève la voix, c'est que, sans prétendre à une infaillibilité qu'au surplus je ne reconnais en nul autre, je regarde comme un devoir de publier ce que ma longue expérience a pu me suggérer sur une question qui, d'une manière aussi décisive, tient au salut de ma patrie!

Le lieutenant-général baron THIÉBAULT.

Paris, le 15 mars 1841.

IMPRIMERIE DE GUIRAUDET ET JOUAUST, RUE SAINT-HONORÉ, 315.